Bert Kohl

66 Spielideen Französisch

Autor*innen: Bert Kohl
Covergestaltung: Daniel Fischer – Grafikdesign München
Umschlagsillustrationen: Fotolia
Illustrationen: Stefanie Czapla, Bert Kohl, Thorsten Trantow
Satz: Fotosatz H. Buck, Kumhausen
Druck und Bindung: Druckerei Joh. Walch GmbH & Co. KG
ISBN 978-3-403-**07681-0**

www.auer-verlag.de

„Le jeu est le sel de la civilisation."[1] Neben der gesamtgesellschaftlichen herausragenden Bedeutung für alle Kulturkreise ließe sich dieses Zitat von Debyser auch auf den Französischunterricht übertragen, wonach ein vielleicht eher einseitiger Unterrichtsverlauf durch gezielt eingesetzte **Appetithäppchen** schmackhaft gemacht werden soll.

Für Eynar Leupold erfüllen spielerische Aktivitäten „wichtige pädagogische Anliegen im Französischunterricht"[2]. Nach Leupold soll „ein Aktivitätswechsel zu einem kooperativen, entspannten, benotungsfreien Umgang mit der Zielsprache" erfolgen.

Viele Spiele haben einen entscheidenden Vorteil gegenüber einem eher trockenen Lehrbuchtext: Sie **motivieren, aktivieren** und **amüsieren** die Schüler[3] gerade dann, wenn die Aufnahmekapazität überschritten ist und der Unterricht nicht mehr in vollem Umfang wahrgenommen werden kann.

Die vorliegende Spielesammlung geht von folgenden Zielsetzungen aus:

- Das **Erreichen von Teilzielen** in den Lernbereichen Grammatik, Wortschatz, Hörverstehen, Chansons und kommunikative Fertigkeiten soll unterstützt werden.
- Durch den **rhythmischen Wechsel von Anspannung und Entspannung** wird eine konzentrierte Weiterarbeit im Anschluss ermöglicht.
- **Mehrkanaliges Lernen** fördert die Vernetzung und Speicherung neuer Lerninhalte.
- Das **implizite Lernen**, das Lernen en passant, steht im Vordergrund.
- Die **Bedeutung von Regeln** wird bewusst gemacht.
- Die Lust am Umgang mit der Fremdsprache wird gestärkt.
- Die **Interaktion mit Gleichaltrigen** beeinflusst das Sozialverhalten positiv.

Die insgesamt sechs Kapitel (Jeux de vocabulaire, Jeux de grammaire, Chansons et comptines, Compréhension orale, Jeux créatifs, Jeux divers) sollen dabei dem breiten Spektrum eines Fremdsprachenunterrichts gerecht werden und dadurch der Lehrkraft ermöglichen, flexibel und kompetenzübergreifend vorzugehen.

Praxiserprobt und regelmäßig eingesetzt wurden die ausgewählten 66 Spielideen in unterschiedlichen Klassen des Sekundarstufenbereichs, in hochschuldidaktischen Veranstaltungen sowie bei Lehrerfortbildungen. Dabei wurden immer wieder Modifizierungsvorschläge auch von Schülern vorgenommen und letztendlich nach ihrer erfolgreichen Einsatzfähigkeit im Unterricht ausgesucht. Die Spielesammlung hat nicht den Anspruch, Lehrwerke ersetzen zu wollen, sie versteht sich vielmehr als Ergänzung und Bereicherung derselben.

Die Hinweise zur Durchführung können durch kreative Alternativen erweitert werden, die Angaben zur Dauer entsprechen Erfahrungswerten, wobei Toleranzen nach oben oder unten durchaus entsprechend den eigenen Bedürfnissen möglich sein sollten.

---

1 Carré, Jean-Marc / Debyser, François: *Jeu, langage et créativité*. Paris: Hachette et Larousse, 1978
2 Leupold, Eynard: *Spielerische Aktivitäten im Französischunterricht*. Seelze-Velber: Klett/Kallmeyer, 2007
3 Aufgrund der besseren Lesbarkeit ist in diesem Buch mit Schüler auch immer Schülerin gemeint, ebenso verhält es sich mit Lehrer und Lehrerin etc.

Vorwort

Regelmäßig eingesetzt verändern diese Spiele das eher rezeptive Verhalten der Schüler zugunsten einer aktiven, teilweise selbstgesteuerten Unterrichtsbeteiligung, fördern einen handlungsorientierten und kooperativen Unterricht und verhindern einen zu lehrerzentrierten Unterrichtsstil.

Zur besseren Orientierung wurden folgende Icons verwendet:

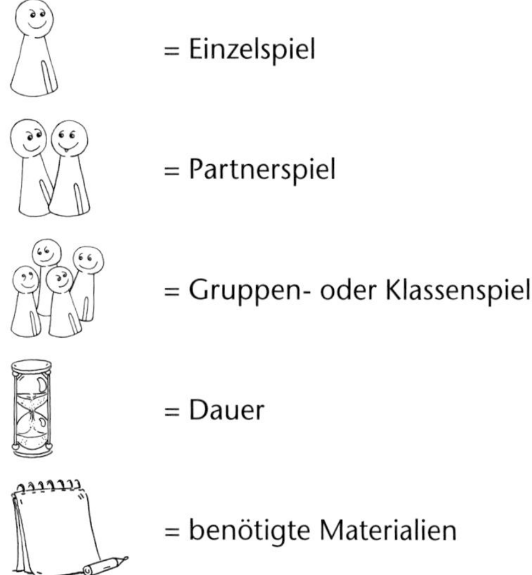

= Einzelspiel

= Partnerspiel

= Gruppen- oder Klassenspiel

= Dauer

= benötigte Materialien

= Hinweise zur Vorbereitung

Bon courage beim Ausprobieren der Spiele!

Bert Kohl

1.1 Les séries de nombres

5–10 Min. | 1.–3. Lj.

Tafel

Überlegen Sie sich geeignete Zahlenfolgen, hinter denen ein System steckt.

Ohne Erläuterung geben Sie an der Tafel eine Zahlenreihe vor, z. B. 23 – 34 – 42 – 26 … (die Zehner 20, 30, 40 … sind nicht gestattet), und nennen so viele Beispiele, bis ein Schüler das System durchschaut hat. Dieser Schüler übernimmt dann die Lehrerrolle und übergibt an den nächsten, der das Prinzip erkannt hat usw.

Variante: Bei fortgeschrittenen Lerngruppen lassen sich auch dreistellige Zahlen einsetzen, wobei die letzten beiden Ziffern der vorausgehenden Zahl die beiden ersten Ziffern der neuen Zahl ergeben, z. B. 355 – 552 – 526 – 268 …

1.2 La dictée dans l'air

10 Min. | 1./2. Lj.

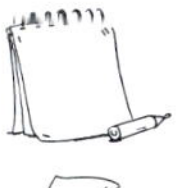

keine

Suchen Sie aus der letzten Lektion zehn Vokabeln heraus.

Diktieren Sie den Schülern per Luftschrift und mit dem Rücken zur Klasse (empfohlen werden Druckbuchstaben) die zehn ausgewählten Wörter aus der letzten Lektion. Bei Anfängern ist es ratsam, kurze Pausen nach jedem Buchstaben einzulegen.

Variante: Bei fortgeschrittenen Schülern können Sie auch frontal zur Klasse stehen.

1.3 Épeler à l'envers

  10 Min. 1./2. Lj.

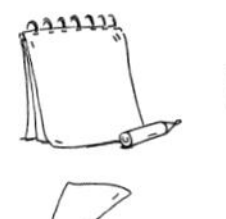 keine

 keine

Die Schüler bilden einen Kreis, einer wird aus dem Klassenzimmer geschickt. Die Klasse berät nun, welches Wort dem Mitschüler diktiert werden soll, und verteilt die im Wort enthaltenen Buchstaben untereinander. Danach wird der Mitschüler hereingeholt und die Schüler buchstabieren nacheinander rückwärts das gewählte Wort.

Variante: Für Anfänger kann das gesuchte Wort auch in der richtigen Reihenfolge buchstabiert werden.

1.4 Les voyelles

  10 Min. 1.–3. Lj.

 Dokumentenkamera und weißes Papier oder Smartboard, Schülerhefte

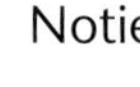 Notieren Sie Wörter, bei denen Sie die Vokale aussparen.

Die Schüler treten entweder einzeln oder paarweise gegeneinander an. Machen Sie die Wörter für die Schüler sichtbar. Diese ergänzen nun die fehlenden Vokale und schreiben die Wörter in ihr Heft. Der Schüler, der alle Vokabeln als Erster richtig erraten hat, hat gewonnen.

Beispiel:

trvllr – rgrdr – trvr – dnnr – rvr
travailler – regarder – trouver – donner – revoir

1.5 Le mémo

5 Min. | 1.–3. Lj.

Dokumentenkamera und weißes Papier oder Smartboard

Schreiben Sie Vokabeln zum Thema „Sportarten“ auf oder suchen Sie entsprechende Bilder

Machen Sie alle Wörter bzw. Bilder sichtbar. Die Schüler haben nun eine Minute Zeit, sich die Sportarten einzuprägen. Danach schalten Sie die Dokumentenkamera aus, nehmen eine Sportart weg und schalten wieder an. Beim Smartboard gehen Sie entsprechend vor. Die Schüler versuchen nun herauszufinden, welche Sportart fehlt, und notieren sich diese. Nach einer vorher festgelegten Anzahl an Durchläufen wird die Lösung besprochen. Der Schüler, der die meisten richtigen Antworten aufweisen kann, hat gewonnen.

1.6 L'alphabet

10 Min. | 1. Lj.

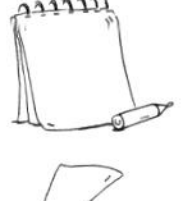

keine

keine

Die Schüler suchen aus der behandelten Lektion je fünf Wörter heraus. Es sitzen sich jeweils zwei Schüler gegenüber. Sie buchstabieren einander abwechselnd ihre ausgewählten Wörter. Errät der andere das buchstabierte Wort, bekommt er einen Punkt. Falls das korrekt buchstabierte Wort nicht erraten wird, geht der Punkt an den buchstabierenden Schüler.

1.7 L'alphabet personnel

30 Min.

2. Lj.

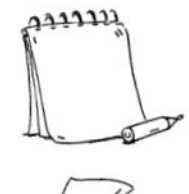

DIN-A4-Tonpapiere, Filzstifte

keine

Jeder Schüler sucht sich einen Mitschüler aus, ohne seine Wahl zu verraten. Er erstellt ein persönliches Alphabet, bei dem jedem Buchstaben eine Eigenschaft, ein Objekt, ein Erlebnis oder eine Begebenheit zugeordnet wird, die mit dieser Person in irgendeinem Zusammenhang steht.

Wenn alle fertig sind, präsentiert ein Schüler seine Vergleiche. Die Klasse stellt ihm nun Fragen, um die Stichwörter richtig zuordnen zu können. Sie macht sich entsprechend der Antworten des Befragten Notizen und erstellt anschließend ein Persönlichkeitsprofil.

Variante: Das Spiel kann auch in Gruppenarbeit gespielt werden, damit jeder Schüler Gelegenheit bekommt, seine Person zu präsentieren.

Beispiel:

Schüler: *«A comme anglais.*
B comme badminton.
C comme cinéma.»
Etc.

Klasse:
1. *«Est-ce que cette personne aime parler anglais?»*
2. *«Est-ce que le badminton est son sport préféré?»*
3. *«Est-ce que cette personne va souvent au cinéma?»*
4. *«Est-ce que c'est Daniel?»*

Persönlichkeitsprofil:
C'est Daniel. Il aime l'anglais. Son sport préfére est le badminton. Usw.

1.8 Les nouveaux mots

5 Min.

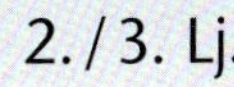

2./3. Lj.

Tafel, Schülerhefte

Suchen Sie ein Wort heraus, das aus mindestens sechs Buchstaben besteht.

Schreiben Sie das Wort an die Tafel. Es werden zwei Gruppen gebildet, die mit den Buchstaben des Wortes möglichst viele andere Begriffe in ihrem Heft bilden sollen. Geben Sie den Schülern fünf Minuten Zeit. Sieger ist die Gruppe, die die meisten Wörter gefunden hat.

Beispiel:

maison: *a, à, mais, son, sa, nom, ami, nos* etc.

Andere mögliche Wörter: *serviette, cartable, professeur …*

1.9 La charade

20 Min.

4./5. Lj.

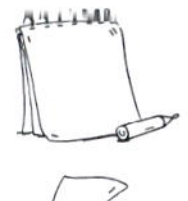

Schülerhefte

keine

Erklären Sie zunächst, was eine Charade ist: Ein Wort wird in Silben zerlegt und für jede Silbe eine Definition gegeben. Die Silben nacheinander ausgesprochen ergeben dann das gesuchte Wort. Vorsicht! Die Rechtschreibung spielt keine Rolle, entscheidend ist die Aussprache, der Klang der Silben.

Die Schüler denken sich zunächst zu zweit eine Charade aus und notieren sie in ihrem Heft. Anschließend tragen sie ihr Rätsel vor, das nun von den Mitschülern gelöst werden muss.

Beispiele:

1. *Mon premier est un métal précieux. Mon deuxième est un habitant du ciel. Mon tout est un fruit délicieux.* Lösung: *orange*
2. *Mon premier est le contraire de froid. Mon deuxième est le contraire de sous. Mon tout se porte aux pieds.* Lösung: *chaussure*

1.10 Les antonymes

10 Min.

3./4. Lj.

Tafel, Schülerhefte

Suchen Sie zehn Wörter heraus, zu denen die Schüler das Gegenteil kennen.

Schreiben Sie die Wörter in zwei Spalten an die Tafel. Die Klasse wird in zwei Gruppen eingeteilt, die sich je eine Spalte vornehmen. Sie sollen nun für jedes Wort das Gegenteil in ihrem Heft notieren. Die Gruppe, die ihre Spalte zuerst vervollständigt hat, ist Sieger.

Beispiel:

vieux	*rester*
tôt	*matin*
partir	*se coucher*
riche	*heureux*
plein	*bon*

1.11 Le téléphone arabe

10 Min.

1./2. Lj.

keine

keine

Jeder Schüler schreibt ein Wort mit mindestens fünf Buchstaben auf. Dann teilen Sie die Klasse in zwei Gruppen ein, die jeweils einen Sitzkreis bilden. Alle Teilnehmer decken ihr Wort zu, sodass es niemand lesen kann. Der erste Spieler jeder Gruppe buchstabiert flüsternd seinem Nachbarn zur Rechten sein Wort (z. B. *voiture*). Dieser notiert das Wort und flüstert es wiederum seinem Nachbarn zu. Sobald Spieler Nr. 3 mit seinem Nachbarn ebenso verfahren ist, teilt Spieler 2 sein Wort Spieler 3 mit usw. Das Spiel endet, wenn alle Wörter die Runde gemacht haben.

1.12 Le message secret

 5 Min.
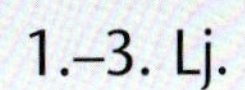 1.–3. Lj.

Schülerhefte

Bereiten Sie einen Text vor, der thematisch der gerade behandelten Lektion oder einem bestimmten Wortschatzbereich entspricht.

Entgegen dem üblichen Diktat wird nun der Text Buchstabe für Buchstabe diktiert, wobei keine Pause zwischen den Buchstaben entstehen soll. Das Diktat wird nicht wiederholt.

Variante: Um das Spiel etwas amüsanter zu gestalten, kann mit dem Text auch eine Art Schatzsuche verbunden werden. Der Schatz wird im Schulhaus oder auf dem Schulgelände versteckt. Es werden zwei Routen (eine mit roten und eine mit grünen Pfeilen) festgelegt, die beide zum Schatz führen. Damit sich die beiden Gruppen nicht in die Quere kommen, buchstabiert ein Schüler der zweiten Gruppe einen anderen Text. Die Gruppe, die zuerst beim Schatz angelangt ist, hat gewonnen.

Beispiel:

ALLEZALACOURDELECOLEETSUIVEZLESFLECHESROUGESJUSQUAUPARKINGAVELOS ...

1.13 Les lettres mêlées

 10 Min.
1.–3. Lj.

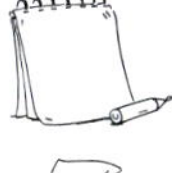

Dokumentenkamera und weißes Papier oder Smartboard

Schreiben Sie zu einem bestimmten Wortfeld Wörter auf, deren Buchstaben in Unordnung geraten sind.

Die Schüler setzen die Buchstaben in die richtige Reihenfolge. Der Schüler, der das gesuchte Wort als Erster errät, bekommt einen Punkt. Sieger ist, wer am Schluss die meisten Punkte erzielt hat.

1.14 Qui ou que suis-je?

15 Min. | 2./3. Lj.

DIN-A4-Blätter (entsprechend der Schülerzahl), Klebestreifen

Schreiben Sie auf jedes Blatt jeweils den Namen einer berühmten Person, einer Pflanze oder eines Tieres.

Befestigen Sie die Zettel auf dem Rücken der Schüler, ohne dass diese die Begriffe lesen können. Nun bewegen sich die Schüler frei im Klassenzimmer und befragen sich gegenseitig nach ihrer Identität. Der Befragte darf nur mit „*oui*" oder „*non*" antworten.

Beispiel:

Auf dem Zettel steht *rose*.
Schüler 1: *«Est-ce que je suis un animal?»* – Schüler 2: *«Non.»*
Schüler 1: *«Est-ce que je suis une plante?»* – Schüler 2: *«Oui.»*
Schüler 1: *«Est-ce que je suis une fleur?»* – Schüler 2: *«Oui.»*
Etc.

1.15 Les chiffres

5 Min. | 1. Lj.

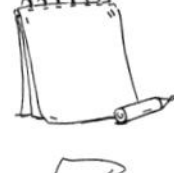

DIN-A4-Blätter (entsprechend der Schülerzahl)

Schreiben Sie auf die Blätter verschiedene einstellige Zahlen.

Die Klasse wird in zwei Gruppen eingeteilt. Aus jeder Gruppe zieht ein Schüler ein Blatt mit einer Zahl. Die beiden stellen sich zuerst mit dem Rücken zur Klasse, sodass die Zahlen verdeckt bleiben. Auf ihr Kommando hin drehen sich die beiden um. Der eine Schüler stellt die Zehner, der andere die Einer dar. Die Gruppe, die die Zahl zuerst korrekt nennt, bekommt einen Punkt. Dieser Vorgang wird mehrmals wiederholt. Die Gruppe mit den meisten Punkten gewinnt.

Erste Möglichkeit

Zweite Möglichkeit

1.16 Le foot de vocabulaire

5 Min.

1.–3. Lj.

Dokumentenkamera und weißes Papier, 1-Cent-Stück

Zeichnen Sie ein Fußballfeld auf. Bereiten Sie deutsche Vokabeln vor, die die Schüler übersetzen müssen.

Es werden zwei Mannschaften gebildet, denen jeweils eine Spielfeldhälfte zugewiesen wird. Das Cent-Stück dient als Ball, es befindet sich am Anstoßpunkt. Geben Sie nun eine Vokabel vor. Wenn ein Schüler die Lösung weiß, ruft er „Stopp". Ist seine Antwort richtig, wird der Ball zum 16-Meter-Raum des gegnerischen Tors bewegt. Ist sie falsch, wird er zum 16-Meter-Raum des eigenen Tors gesetzt. Wenn eine Mannschaft zweimal hintereinander eine Frage richtig beantwortet hat, so hat sie ein Tor geschossen. Der Ball wird dann erneut in die Startposition gebracht und das Spiel beginnt von vorn.

Variante: Anstelle von Vokabeln können mit dieser Methode auch gut Zeitformen geübt werden.

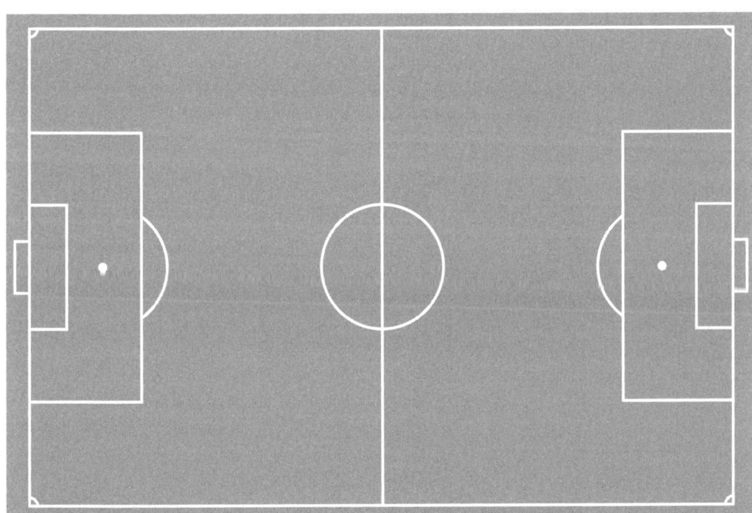

2.1 Les temps

10 Min. | 2./3. Lj.

zwei verschiedenfarbige DIN-A4-Blätter (jeweils halb so viele wie Schüler, die an dem Spiel teilnehmen)

Schreiben Sie auf die eine Hälfte der Blätter jeweils eine Zeitangabe, z. B. *demain*. Auf die andersfarbigen Blätter schreiben Sie jeweils ein Verb im Infinitiv und eine Zeitform, z. B. *aller (futur)*.

Jeder Schüler zieht ein Blatt. Er muss nun einen Mitschüler finden, der eine passende Angabe auf seinem Blatt hat, sodass ein korrekter Satz gebildet werden kann. Anschließend sucht jeder Schüler nach weiteren geeigneten Partnern, um möglichst viele Sätze zu bilden.

Beispiele:

1. *demain + aller (futur):*
   Demain, je vais aller à la piscine.
2. *hier + manger (passé composé):*
   Hier, j'ai mangé à la cantine.
3. *le dimanche + rester (présent):*
   Le dimanche, je reste à la maison.

2.2 La pantomime

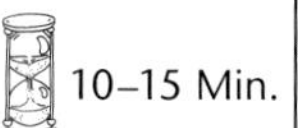

10–15 Min. | 2./3. Lj.

keine

keine

Eine Zeitform wird festgelegt. Die Schüler überlegen sich Aktivitäten zu einem bestimmten Themenbereich. Danach stellt sich ein Schüler vor die Klasse und stellt eine Aktivität pantomimisch vor. Der Schüler, der die Aktivität als Erster errät, setzt sie in die vorher angegebene Zeitform. Gelingt ihm dies fehlerfrei, darf er die nächste Aktivität darstellen.

2.3 Les prépositions

  5 Min. 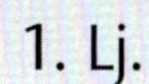 1. Lj.

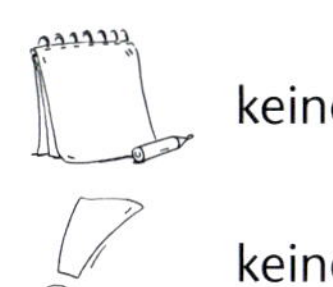 keine

keine

Die Schüler verteilen sich so im Klassenzimmer, dass der Raum gut ausgefüllt ist. Wenn alle ihren Platz gefunden haben, beschreibt jeder seinen Standort.

Beispiel:

«Je suis entre deux tables.»

2.4 L'impératif

  10 Min. 2. Lj.

 keine

keine

Die Klasse bildet einen Sitzkreis. Nacheinander richtet jeder Schüler eine Aufforderung an einen oder mehrere Mitschüler. Dieser muss bzw. diese müssen die Anweisung befolgen.

Beispiele:

1. *«Sven, va à la porte, ouvre-la, ferme-la et reviens à ta place!»*
2. *«Gabi et Elisa, présentez-vous à la classe!»*

2.5 La comparaison des adjectifs

15 Min. | 2. Lj.

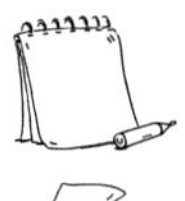

DIN-A4-Blätter (entsprechend der Schülerzahl), Schülerhefte

keine

Teilen Sie allen Schülern ein Blatt aus. Jeder schreibt seinen Namen darauf. Die Zettel werden eingesammelt und in beliebiger Reihenfolge wieder ausgeteilt, sodass jeder Schüler den Namen eines Mitschülers bekommt. Er muss diesen nun ohne Nennung des Namens beschreiben, indem er ihn mit anderen Schülern vergleicht. Er notiert sich die Beschreibung im Heft.

Die Schüler lesen nun nacheinander ihre Texte vor und die Mitschüler raten, um wen es sich handelt.

Beispiel:

Il est plus petit que Tom.
Il a les cheveux plus longs que Sascha.
Il est plus fort en français que Markus.
Il est aussi agé que Manuela.

2.6 Halli-Galli®

15 Min. | 1./2. Lj.

Karteikarten

Fertigen Sie für jeden Schüler einer Gruppe zehn Karten mit unterschiedlichen Wortformen an sowie für jede Gruppe Karten mit Kriterien wie Numerus, Genus, Modus, Tempus und Person.

Die Klasse wird in Gruppen von maximal sechs Schülern eingeteilt. Teilen Sie an jede Gruppe die Wort- und Kriterien-Karten aus. Vom Stapel mit den Kriterien-Karten wird nun eine Karte aufgedeckt und in die Mitte gelegt.

Die Schüler drehen der Reihe nach ihre erste Wortkarte um. Sobald vor zwei Schülern ein Wort liegt, das das Kriterium in der Mitte erfüllt, schlagen diese auf die Karte in der Mitte. Der Spieler, dem dies schneller gelingt, darf dem anderen alle seine aufgedeckten Karten geben. Der Verlierer deckt eine neue Kriterien-Karte auf sowie die nächste Wortkarte von seinem Stapel.

Sieger ist, wer als Erster keine Karten mehr hat.

2.7 Quelle est la capitale?

  15 Min. 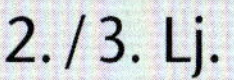 2./3. Lj.

DIN-A4-Blätter (entsprechend der Schülerzahl), Klebestreifen

Schreiben Sie auf jeden Zettel eine Hauptstadt.

Jedem Schüler wird mit einem Klebestreifen ein Zettel auf dem Rücken befestigt. Danach bewegen sich alle frei im Klassenzimmer und versuchen, durch Entscheidungsfragen die eigene Stadt zu erraten. Die Fragen dürfen nur mit *„oui"* oder *„non"* beantwortet werden. Sobald der Befragte mit *„non"* antwortet, muss der Schüler sich an einen anderen Mitschüler wenden.

Beispiele:

1. *«Est-ce que c'est une ville dans le nord?»*
2. *«Est-ce que cette capitale se trouve sur une île?»*

Hinweis: Das Spiel kann auch auf andere Themen übertragen werden.

2.8 J'aime …/Je n'aime pas …

  20 Min. 1./2. Lj.

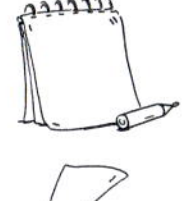

Schülerhefte

keine

Jeder Schüler schreibt in sein Heft fünf Dinge, die er mag und fünf Dinge, die er nicht mag. Jeder sucht sich anschließend einen Partner, mit dem er seine Liste vergleicht. Alle Gemeinsamkeiten werden notiert. Zusammen erstellen sie nun eine neue Liste und einigen sich auf je fünf Beispiele, die sie mögen bzw. nicht mögen. Das Paar wendet sich nun einem anderen Tandem zu und erstellt eine neue Liste nach demselben Muster.

Arbeitsblätter (entsprechend der Schülerzahl)

Fertigen Sie eine Liste mit zehn Sätzen an, die mit *Cherchez quelqu'un qui …* beginnen, und kopieren Sie diese im Klassensatz.

Die Schüler bewegen sich mit dem Arbeitsblatt frei im Klassenzimmer, befragen ihre Mitschüler und notieren deren Namen neben dem entsprechenden Satz, wenn sie mit „*oui*" antworten.

Wer die Liste zuerst mit Namen vollständig ausgefüllt hat, wird als Sieger erklärt und das Spiel ist beendet.

Beispiel:

Cherchez quelqu'un qui …

1. *aime jouer au foot,*
2. *a un animal,*
3. *fait du vélo,*
4. *a déjà fumé,*
5. *a un frère,*
6. *n'aime pas les mathématiques,*
7. *est déjà allé en France,*
8. *regarde la télé tous les jours,*
9. *joue d'un instrument.*

Schüler 1: «*Est-ce que tu aimes jouer au foot?*»

Schüler 2: «*Oui, j'aime jouer au foot.*»

Usw.

Hinweis: Der Inhalt der Fragen ist austauschbar und kann je nach Niveau auch differenzierter und umfangreicher sein.

2.10 L'article partitif

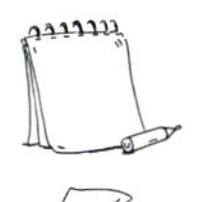
keine

keine

Die Klasse bildet einen Sitzkreis. Sie beginnen mit folgendem Satz: *„Je suis au marché et je voudrais du pain."* Fordern Sie nun den Schüler zu Ihrer Rechten auf fortzufahren, indem er den Vorgängersatz aufnimmt und einen weiteren Gegenstand hinzufügt. Das Spiel wird so lange fortgesetzt, bis sich ein Schüler in der Reihenfolge irrt, d.h. einen Gegenstand vergisst. Um sich zu rehabilitieren, beginnt dieser Schüler wieder von vorn. Das Spiel wird weitergeführt, bis jeder Schüler einmal dran war.

Beispiel:

Lehrer: *«Je suis au marché et je voudrais du pain.»*

Schüler 1: *«Je suis au marché et je voudrais du pain et du beurre.»*

Schüler 2: *«Je suis au marché et je voudrais du pain, du beurre et de la confiture.»*

Usw.

Variante: Um die Schüleraktivität zu steigern, kann das Spiel auch in kleinen Gruppen eingesetzt werden.

2.11 Les associations – ... me fait penser à

10 Min.

2./3. Lj.

keine

keine

Geben Sie einen Satz vor, der die Wendung *me fait penser à* enthält. Fragen Sie die Klasse, was sie mit Ihrer Assoziation verknüpft. Ein Schüler beantwortet Ihre Frage. Das Spiel wird fortgesetzt, bis den Schülern nichts mehr einfällt oder bis alle an der Reihe waren.

Beispiel:

Lehrer: *«L'été me fait penser à la piscine. Et la piscine te fait penser à quoi?»*

Schüler 1: *«La piscine me fait penser à de l'eau. Et de l'eau te fait penser à quoi?»*

Schüler 2: *«De l'eau me fait penser à boire. Et boire te fait penser à quoi?»*

2.12 Les phrases correctes

15 Min.

1.–5. Lj.

DIN-A4-Blätter (entsprechend der Schülerzahl)

Überlegen Sie sich Sätze und schreiben Sie die einzelnen Wörter auf separate Papierblätter. Jeder Schüler sollte ein Wort erhalten.

Teilen Sie die Wörter in beliebiger Reihenfolge an die Schüler aus. Diese bewegen sich nun im Klassenraum und suchen Mitschüler, deren Wörter zusammen mit ihrem einen Satz ergeben. Es dürfen auch sinnfreie Sätze entstehen, solange sie grammatikalisch richtig sind. Abschließend werden die Sätze der Klasse präsentiert.

Variante: Statt einzelner Wörter können auch Worteinheiten auf einem Blatt stehen, sodass komplexere Sätze gebildet werden können.

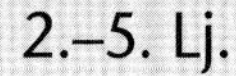

Arbeitsblätter (halb so viele wie Schüler, die an dem Spiel teilnehmen)

Fertigen Sie eine „Telefonliste" nach unten stehendem Muster an und tragen Sie in die erste Spalte Verben ein. Kopieren Sie die Liste für jedes Schülerpaar.

Infinitiv	**Person**	**Numerus**	**Modus**	**Zeitform**	**Genus verbi**
1 = voir	1 = 1. Pers.	1 = Singular	1 = Indikativ	1 = présent	1 = Aktiv
2 =	2 = 2. Pers.	2 = Plural	2 = Konjunktiv	2 = imparfait	2 = Passiv
3 =	3 = 3. Pers.		3 = Imperativ	3 = passé composé	
4 =				4 = plus-que-parfait	
5 =				5 = futur proche	
6 =				6 = futur simple	
7 =					
8 =					

Einer der beiden Schüler „wählt" eine Telefonnummer. Der andere verfolgt die Zahlen in der Tabelle und bildet die Verbform entsprechend der Angaben. Beim Konjunktiv und beim Imperativ ergibt sich jeweils eine vierstellige Nummer. Die Schüler kontrollieren sich gegenseitig.

Der Schwierigkeitsgrad der Tabelle kann vereinfacht werden, indem Sie einzelne Zeilen oder Spalten weglassen.

Beispiel:

Schüler 1: *«121161.»*

Schüler 2: *«Tu verras.»*

2.14 *Du ou de la?*

10 Min.

1./2. Lj.

DIN-A5-Karten (entsprechend der Schülerzahl), zehn zusätzliche Karten, Korb oder anderer Behälter

Verfassen Sie zehn Sätze mit *du* oder *de la*, sparen Sie den Begleiter jedoch aus. Schreiben Sie je einen Satz auf ein Kärtchen. Legen Sie alle Kärtchen in einen Korb. Fertigen Sie für die Hälfte der Schüler eine Karte mit *du* und für die andere Hälfte eine mit *de la* an.

Die Klasse bildet einen Sitzkreis. Verteilen Sie die *du*- und *de la*-Karten beliebig. Ein Schüler stellt sich in die Mitte, zieht eine Karte und liest sie vor, indem er in die Lücke entweder *du* oder *de la* einsetzt. Dabei müssen alle Schüler, die eine entsprechende Karte haben, untereinander den Platz wechseln. Gleichzeitig versucht der in der Mitte Stehende ebenfalls, einen Platz zu ergattern. Wer übrig bleibt, muss den nächsten Lückensatz ergänzen. Falls er einen Fehler macht, muss er noch einmal eine Karte ziehen.

2.15 La salade de fruits

5 Min.

1./2. Lj.

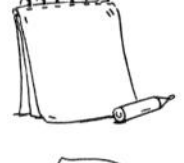

Stühle

Suchen Sie einen Text heraus, in dem viele unterschiedliche Verbformen und Zeiten vorkommen.

Die Schüler bilden einen Stuhlkreis. Ein Schüler hat keinen Stuhl, er steht in der Mitte des Kreises. Wählen Sie ca. fünf verschiedene Kategorien, wie z. B. Verb in der 1. Person Plural, Verb im Singular, Verb im Futur etc., und teilen Sie jedem Schüler eine Kategorie zu.

Lesen Sie nun den Text vor. Die Schüler müssen prüfen, ob der jeweilige Satz ein Verb enthält, das ihrer Kategorie entspricht. Falls dies zutrifft, müssen diese Schüler ihre Plätze tauschen. Der Schüler in der Mitte versucht ebenfalls, einen Platz zu bekommen. Derjenige, der keinen Stuhl ergattert, muss sich nun in die Mitte stellen. Dann wird der nächste Satz vorgelesen.

Lied *„Un kilomètre à pied"* (kann auf einer Musikplattform erworben werden), alte Schuhe

Die Schüler bringen alte, nicht mehr brauchbare Schuhe mit.

Es wird eine Jury aus drei Schülern gebildet. Je nach Klassenstärke werden die restlichen Schüler in zehn Gruppen eingeteilt, sodass jede Gruppe eine Strophe des Liedes übernehmen kann. Die Schüler präparieren die Schuhe so, dass mit der Höhe der Kilometerzahl auch der Zerstörungsgrad zunimmt, z. B. bleiben nach zehn Kilometern nur noch die Schuhbändel übrig oder ein Schüler ohne Schuhe wird von zwei Mitschülern getragen. Die Gruppen präsentieren nun nacheinander ihre Strophen. Der Refrain *„Ça use, ça use, ça use les souliers"* wird dabei immer von der ganzen Klasse gesungen.

Die Jury prämiert anschließend die kreativsten Ideen.

Beispiel:

1. Gruppe: *«Un kilomètre à pied,»*
   Klasse: *«Ça use, ça use.»*
   Gruppe: *«Un kilomètre à pied,»*
   Klasse: *«Ça use les souliers.»*
2. Gruppe: *«Deux kilomètres à pied,»*
   Klasse: *«Ça use, ça use.»*
   Gruppe: *«Deux kilomètres à pied,»*
   Klasse: *«Ça use les souliers.»*

Usw.

3.2 Je vais à l'école

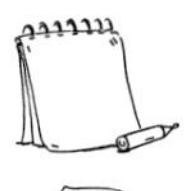

Dokumentenkamera oder Smartboard

keine

Je vais à l'école à pied, tap-tap.
Je vais à l'école en canard, coin-coin.
Je vais à l'école en vélo, drelin-drelin.
Je vais à l'école en chien, ouaf-ouaf.
Je vais à l'école en voiture, tut! Tuuut!
Je vais à l'école en coq, cocorico.

Machen Sie die Sätze für die Schüler sichtbar. Ziel dieses Spieles ist es anzugeben, wie man sich auf dem Weg in die Schule fortbewegt. Neben den gebräuchlichsten Transportmitteln können auch Tiere genannt werden. Die Schüler wählen eine ihnen bekannte Melodie aus und tragen die Sätze damit vor. Sie versuchen dabei, Motorengeräusche und Tierstimmen nachzuahmen.

Die Weiterführung der Übung besteht darin, noch andere Beispiele zu finden.

3.3 Quel temps fait-il?

20 Min.
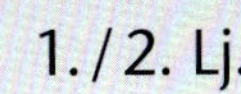
1./2. Lj.

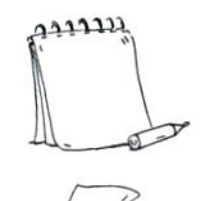
Frankreichkarte

keine

Jeder Schüler sucht sich einen Partner. Auf einer Frankreichkarte werden größere Städte ausgesucht, aufgeschrieben und an die Schülerpaare verteilt. Diese sollen nun eine Wetterbezeichnung finden, die sich auf ihren Städtenamen reimt.

Die Anzahl der Städte sollte im Idealfall der Anzahl der Schülerpaare entsprechen, sodass jedes Paar einen eigenen Reim präsentieren kann. Gute Schüler unterstützen dabei die schwächeren Klassenkameraden. Abschließend fragt die Klasse jedes Schülerpaar im Chor, wo es sich befindet. Dieses antwortet mit seinem Reim.

Beispiel:

Klasse im Chor: «*Jean Pierre et Amélie, mes amis, où êtes-vous?*»

Jean Pierre et Amélie: «*Nous sommes à Bordeaux et il fait beau.*»

Usw.

3.4 Les noms des animaux

10 Min.
1./2. Lj.

keine

keine

Beginnend mit der Fragestellung „*Qu'est-ce que c'est?*" ahmt ein Schüler ein Tier entweder lautlich oder mimisch-gestisch nach. Die Klasse errät dann die entsprechende Tierart. Bei den Lauten können Sie den Schülern behilflich sein.

Beispiel:

Schüler: «*Coââ-coââ, qu'est-ce que c'est?*»

Klasse: «*C'est une grenouille.*»

3.5 Le rap des animaux

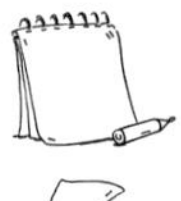

Dokumentenkamera oder Smartboard

keine

Le chien Julien …	*… aime tester les matelas.*
Le cheval Chantal …	*… épouse la vache qui rit.*
La souris Minni …	*… aime chasser les canards.*
Le corbeau, ce filou, …	*… est mannequin chez Yves Laurent.*
Le renard Bernard …	*… ne va pas très bien.*
Le cochon, c'est marrant, …	*… a volé les bijoux.*
Le chat Lisa …	*… fait du skateboard, c'est génial.*

Die Schüler verbinden die Satzanfänge mit den passenden Enden. Anschließend bilden sie selbst weitere Reime nach diesem Schema.

Variante: Es wird nur eine Spalte vorgegeben und die Schüler finden dazu die passenden Reime.

3.6 L'alphabet – comptines

15 Min.
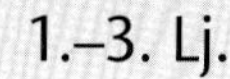
1.–3. Lj.

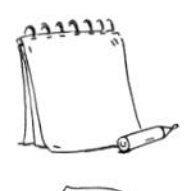
Schülerhefte

keine

Jedem Schülerpaar wird eine Kombination aus drei aufeinanderfolgenden Buchstaben des Alphabets zugeordnet. Es versieht diese nun mit einem Reim.

Sollte die Klasse aus mehr als 20 Schülern bestehen, werden statt drei nur zwei Buchstaben vorgegeben.

Anschließend tragen die Schüler ihre Reime vor.

Beispiele:

1. *ABC – J'aime beaucoup la télé.*
2. *DEF – Un vélo neuf, c'est mon rêve.*
3. *GHI – Je reste dans mon lit.*
4. *JKL – Cette fille est vraiment belle.*

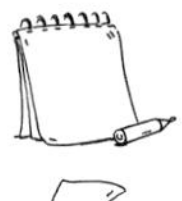

verschiedenfarbige Hüte / Baseball-Mützen, Schülerhefte

keine

Die Schüler suchen zur Farbe ihrer Mützen einen passenden Reim. Sie sollen hierfür *quand*-Sätze bilden und die Farben mit Gefühlen verbinden. Jeder schreibt seinen Satz in sein Heft. Dann bilden die Schüler einen Sitzkreis und tragen nacheinander ihre Reime vor. Sie tauschen anschließend die Kopfbedeckungen und geben die entsprechenden Verse ihrer Mitschüler wieder.

Beispiele:

1. *Quand je mets ma casquette bleue, je suis heureux. Youpie!*
2. *Quand je mets mon chapeau blanc, je suis très content.*
3. *Quand je mets ma casquette violette, il fait beau, c'est chouette.*
4. *Quand je mets mon chapeau vert, je suis en colère.*

4.1 La chanson

15 Min. | 2.–4. Lj.

bunte Kreiden, Tafel, Lied

Bringen Sie ein französisches Lied mit.

Die Klasse wird in drei bis vier Gruppen eingeteilt und mit verschiedenfarbigen Kreiden versehen. Geben Sie eine bestimmte Wortart oder ein Wortfeld vor. Die Schüler hören sich das Lied mehrmals an und schreiben jedes verstandene Wort der vorgegebenen Kategorie an die Tafel. Wenn das Wort annähernd richtig geschrieben ist, gibt es einen Punkt, bei exakter Schreibweise zwei Punkte. Zum Schluss werden die Farben ausgewertet und der Sieger ermittelt.

4.2 Le bruit

15 Min. | 2.–4. Lj.

Handys oder andere Aufnahmegeräte

Als Hausaufgabe sollen die Schüler Geräusche an unterschiedlichen Orten aufnehmen.

Die Schüler präsentieren nacheinander ihre Aufnahmen und stellen dazu Fragen.

Beispiel:

Schüler: «*C'est où?*»

Klasse: «*Au supermarché.*»

Schüler: «*Qu'est-ce que vous entendez?*»

Klasse: «*On entend des clients , parfois un haut-parleur.*»

Schüler: «*Qu'est-ce qu' une femme cherche?*»

Usw.

4.3 Qu'est-ce qui manque?

5 Min. | 1.–5. Lj.

gesprochener Lektionstext, Karte mit Fragezeichen

Wählen Sie einen kürzlich behandelten Lektionstext aus.

Spielen Sie den Lektionstext ab und drücken Sie an einer geeigneten Stelle die Pausetaste. Halten Sie die Karte hoch. Die Schüler müssen nun herausfinden, wie der Text weitergeht. Dabei kann entweder nur ein Wort verlangt werden oder eine ganze Wortgruppe. Sobald der fehlende Text richtig ergänzt wurde, kann der Text weiter abgespielt werden. Dieser Vorgang wird mehrfach wiederholt.

4.4 Rouge ou vert?

5 Min. | 1.–4. Lj.

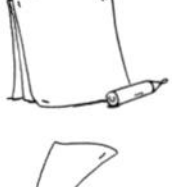

rote und grüne DIN-A5-Karten (jeweils entsprechend der Schülerzahl)

Wandeln Sie einige Sätze eines kürzlich behandelten Lektionstextes leicht ab.

Jeder Schüler erhält jeweils eine rote und eine grüne Karte. Rot steht für falsch, Grün für richtig. Lesen Sie den ersten Satz des vorbereiteten Textes vor. Die Schüler entscheiden nun, ob die Aussage stimmt, und halten die entsprechende Karte in die Höhe. Die Auflösung erfolgt sofort. Satz für Satz wird nun so verfahren.

Bert Kohl: 66 Spielideen Französisch

5.1 Les mots-valises

20 Min. | 1./2. Lj.

Tafel, Schülerhefte

keine

Schreiben Sie eine Liste von Kleidungsstücken an die Tafel, die den Schülern als Grundlage für neue Wortschöpfungen dienen.

Es werden nun Tandems gebildet, die aus dem vorgegebenen Wortmaterial Fantasie-Bezeichnungen für Kleidungsstücke erfinden sollen. Diese werden im Heft notiert. Jedes Tandem liest anschließend der Klasse einen Begriff vor. Diese soll nun die einzelnen Bestandteile erraten.

Beispiele:

1. *chetalon (chemise + pantalon)*
2. *pantamise (pantalon + chemise)*
3. *jupalon (jupe + pantalon)*

5.2 Le dictionnaire de nouveaux animaux

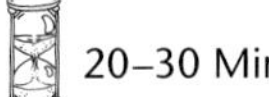

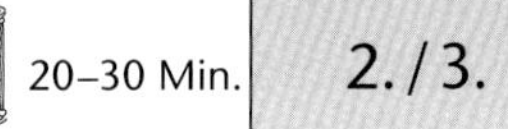

2./3. Lj.

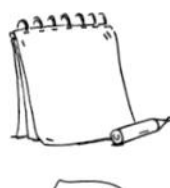

Dokumentenkamera und weißes Papier oder Smartboard, DIN-A4-Blätter (je ein Blatt pro Gruppe), bunte Stifte

Fertigen Sie eine Liste mit 20 Tiernamen an.

Die Klasse wird in vier Gruppen aufgeteilt. Machen Sie nun die Tiernamen für die Schüler sichtbar. Gemeinsam sucht jede Gruppe eine neue Tierart, die durch die Kombination von zwei bis drei Tieren neu entstehen soll. Nun wird das Ergebnis als Zeichnung festgehalten und der Klasse präsentiert, die die einzelnen Tiere benennen soll, aus denen das Fabelwesen besteht. Für die neue Tierart kann entweder in der Gruppe oder in der Klasse eine Bezeichnung gefunden werden.

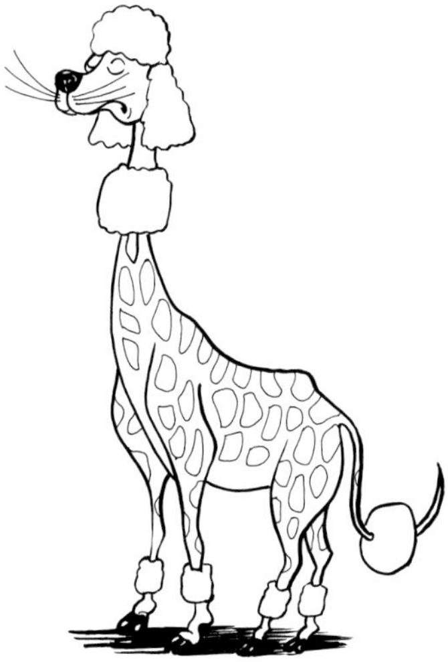

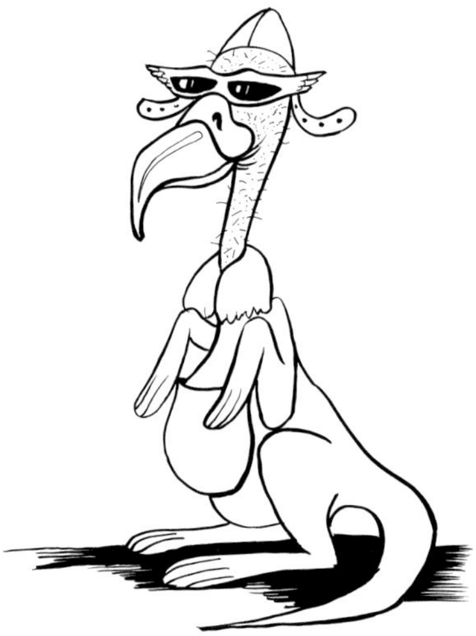

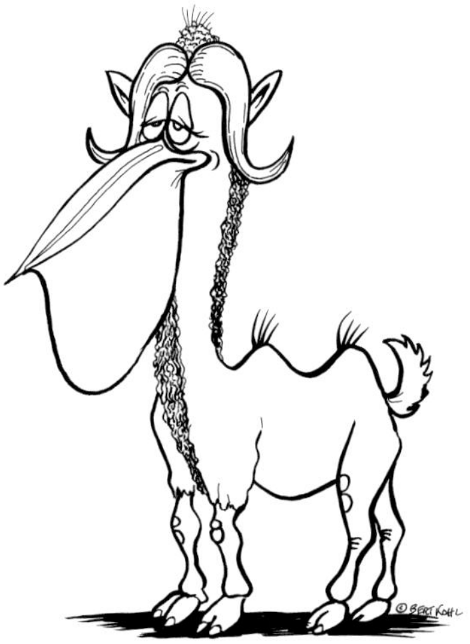

5.3 Les devinettes chinoises

  15 Min. 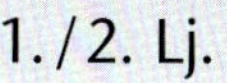 1./2. Lj.

Karteikarten (entsprechend der Schülerzahl), Plastik- oder Stoffsäckchen

Bereiten Sie laminierte Kärtchen mit Namen bekannter Personen vor und füllen Sie diese in ein Plastik- oder Stoffsäckchen.

Lassen Sie alle Schüler ein Kärtchen ziehen. Nach einem vorgegebenen Muster vergleicht nun jeder die von ihm gezogene Person mit einem Gegenstand.

Beispiele:

1. *Si … était un fruit, il/elle serait …*
2. *Si … était un objet, il/elle serait …*
3. *Si … était un animal, il/elle serait …*
4. *Si … était une voiture, il/elle serait …*
5. *Si … était une couleur, il/elle serait …*

5.4 L'histoire inventée

  10 Min. 2.–5. Lj.

Tafel, Würfel

Schreiben Sie die Zahlen 1 bis 6 an die Tafel und dahinter jeweils ein Verb. Überlegen Sie sich einen spannenden Anfang für eine Geschichte.

Tragen Sie die ersten Sätze der Geschichte vor und rufen Sie dann einen Schüler auf, der zuerst würfelt. Die gewürfelte Zahl entscheidet, welches Verb er im nächsten Satz der Geschichte verwenden muss. Nachdem er einen geeigneten Satz gebildet hat, übergibt er den Würfel an den nächsten Schüler. Die Geschichte endet, wenn alle Verben an der Tafel verwendet wurden.

Je nachdem, wie Sie die Geschichte beginnen, kann eine bestimmte Zeitform geübt werden.

DIN-A6-Kärtchen (halb so viele wie Schüler, die an dem Spiel teilnehmen)

keine

Die Klasse bildet einen Halbkreis. Der Lehrer unterteilt sie in Gruppe A und Gruppe B. Jeder Schüler der Gruppe A bekommt ein Kärtchen, auf das er einen Halbsatz schreibt, der mit *quand* beginnt. Dann faltet er das Papier in der Mitte so nach hinten, dass der Schüler aus Gruppe B den Satz nicht lesen kann. Dieser schreibt nun eine zweite Satzhälfte im *futur simple* auf das Blatt. Hat jeder Spieler seinen Satz beendet, werden die Nonsens-Sätze der Reihe nach vorgelesen.

Beispiel:

Schüler der Gruppe A: *Quand il fera beau,*

Schüler der Gruppe B: *mon vélo tombera en panne.*

6.1 Ville, pays, fleuve

  5–15 Min. | 3./4. Lj.

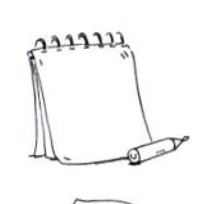 Schülerhefte

 keine

Die Schüler fertigen eine Tabelle mit den Spalten *adjectif, nom* und *verbe* an. Ebenso sind auch andere Kategorien denkbar. Legen Sie nun einen Buchstaben fest. Die Schüler versuchen, zu jeder Kategorie ein Wort zu finden, das mit diesem Buchstaben beginnt. Sobald ein Schüler alle Spalten ausgefüllt hat, ruft er „Stopp" und alle hören auf zu schreiben. Nun werden die gefundenen Wörter verglichen. Für jedes richtige Wort erhalten die Spieler zehn Punkte. Wenn mehrere Spieler dasselbe Wort haben, zählt dies nur fünf Punkte. 20 Punkte erhält ein Schüler, wenn er der einzige ist, der in der Kategorie ein Wort gefunden hat. Gewonnen hat, wer nach einer vorher festgelegten Anzahl von Runden die meisten Punkte hat.

6.2 Je vois ce que tu ne vois pas

  5–10 Min. | 1./2. Lj.

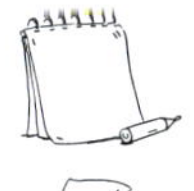 Dokumentenkamera oder Smartboard, Bild

 Suchen Sie ein farbiges Bild mit vielen Details aus.

Machen Sie das Bild für die Klasse sichtbar. Ein Schüler sucht sich ein Detail auf dem Bild aus und gibt einen Hinweis auf die Farbe oder Form: *„Je vois ce que vous ne voyez pas et c'est … (jaune, bleu, rond, angulaire etc.)."* Die Mitschüler raten nun, um was es sich handelt. Der Schüler darf darauf nur mit *„oui"* und *„non"* antworten. Sobald jemand das Rätsel gelöst hat, wählt er ein neues Detail und das Spiel beginnt von vorn.

6.3 Le jeu de lettres

15 Min.

1./2. Lj.

DIN-A4-Blätter

Suchen Sie Wörter aus, deren Buchstaben Sie einzeln auf separaten Papierblättern notieren. Jeder Schüler sollte mindestens einen Buchstaben erhalten.

Teilen Sie die Buchstaben an die Schüler aus und stellen Sie die Gruppen so zusammen, dass jeweils eine Gruppe alle Buchstaben eines Wortes hat. Die Gruppenmitglieder beraten sich leise, welches Wort sich aus ihren Buchstaben ergibt. Dann stellt sich jeweils eine Gruppe vor die Klasse. Die Gruppenmitglieder stehen in beliebiger Reihenfolge nebeneinander, das Wort sollte nicht sofort erkennbar sein. Die anderen Gruppen müssen das richtige Wort erraten. Die Gruppe, der es als erste gelingt, erhält einen Punkt. Dann ist die nächste Gruppe an der Reihe usw.

Hinweis: Aus dem genannten Wort können noch andere Wörter gebildet werden.

6.4 Écrire des nombres sur le dos

5 Min.

1. Lj.

keine

keine

Die Schüler finden sich paarweise zusammen. Ein Schüler malt dem anderen mit dem Zeigefinger eine einstellige Zahl auf den Rücken, der andere muss diese erraten und sich der richtigen Aussprache bedienen. Anschließend werden die Rollen getauscht.

Das Spielniveau kann durch den Einsatz von zwei- oder dreistelligen Zahlen beliebig gesteigert werden.

6.5 Les questions

 15 Min.

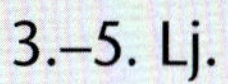

3.–5. Lj.

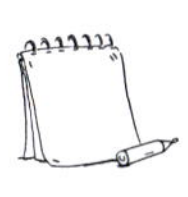

DIN-A6-Kärtchen (entsprechend der Schülerzahl), Musik

Notieren Sie auf jedem Kärtchen jeweils eine offene Frage.

Die Schüler bewegen sich zu Musik im Klassenzimmer. Stoppen Sie die Musik, wendet sich jeder einem Mitschüler zu und stellt die auf sein Kärtchen geschriebene Frage. Hat der Partner die Frage beantwortet, stellt dieser seine. Anschließend tauschen die beiden die Kärtchen aus. Beim nächsten Halt trifft jeder auf einen anderen Gesprächspartner.

Beispiel:

Schüler 1: «*Qu'est-ce que tu as fait hier?*»

Schüler 2: «*Je suis allé au cinéma. A quelle heure est-ce que tu vas quitter l'école aujourd'hui?*»

Schüler 1: «*Je vais quitter l'école à une heure.*»

Variante: Um die Schwierigkeit zu erhöhen, können auch nur einzelne Wörter auf der Karte angegeben werden, sodass die Schüler die Frage selbst bilden müssen.

6.6 Vrai ou faux?

 15 Min.

4./5. Lj.

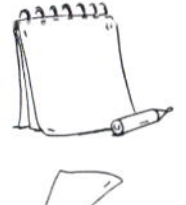

Schülerhefte

keine

Bitten Sie die Schüler, eine wahre oder eine falsche Aussage aufzuschreiben. Wählen Sie nun zehn Schüler aus, die ihre Sätze der Reihe nach vortragen. Der Rest der Klasse notiert sich die Namen der zehn Schüler und markiert, ob die Aussagen der Wahrheit entsprechen oder unzutreffend sind. Nachdem alle Sätze vorgelesen wurden, stellen die Schüler fest, welche Aussagen nicht zutreffend waren. Danach werden die nächsten zehn Schüler ausgewählt.

6.7 Le jeu de la bouteille

  15 Min. 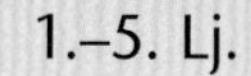 1.–5. Lj.

leere Plastikflaschen, DIN-A6-Kärtchen

Schreiben Sie Fragen zu Vokabeln, Grammatik oder einem Sachthema auf die Kärtchen. Jede Gruppe erhält den gleichen Stapel Kärtchen.

Bei diesem Spiel geht es darum, Fragen zu beantworten, z. B. über Vokabeln, Grammatik oder die Aktivitäten am Wochenende. Die Schüler bilden Kleingruppen. Bevor sie mit dem Flaschendrehen beginnen, müssen sie sich gemeinsam überlegen, was der Befragte tun muss, wenn er die Frage nicht beantworten kann. Ein Schüler dreht nun die Flasche. Derjenige, auf den sie zeigt, nimmt sich eine Karte vom Stapel und versucht, diese richtig zu beantworten. Gelingt es ihm nicht, muss er die zuvor vereinbarte Aufgabe erfüllen.

6.8 La dictée au ping-pong

  20 Min. 1.–3. Lj.

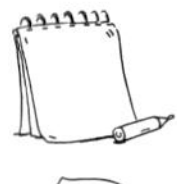

vier DIN-A4-Blätter, Schülerhefte

Verfassen Sie einen Diktat-Text und kopieren Sie ihn dreimal.

Legen Sie den Text in allen vier Ecken des Klassenzimmers aus. Die Schüler arbeiten zu zweit. Je einer der beiden läuft in die nächstgelegene Ecke und versucht, sich den ersten Satz zu merken. Er läuft an seinen Platz zurück und diktiert seinem Partner, was er gelesen hat. Dieser schreibt den Satz in sein Heft. Nun kommt es darauf an, den Text nicht nur möglichst schnell, sondern auch fehlerfrei aufzuschreiben. Dieser Vorgang wird bis zur Hälfte des Textes wiederholt, wobei der Schüler immer nur einen Satz „überbringen" darf. Nach der Hälfte wechseln die Schüler die Rollen. Derjenige hat gewonnen, der die wenigsten Fehler in der kürzesten Zeit gemacht hat.

Variante: Es kann auch nach jedem Satz gewechselt werden.

6.9 Mais qu'est-ce qu'elle / il fait?

  10 Min. 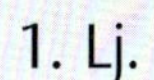 1. Lj.

Karteikarten (halb so viele wie Schüler, die an dem Spiel teilnehmen), Schülerhefte

Fertigen Sie Karten an, auf denen jeweils eine Tätigkeit steht.

Die Klasse wird in zwei gleich große Hälften eingeteilt. Jeder Schüler der ersten Gruppe erhält eine Pantomime-Karte.

Einer nach dem anderen führt nun seine Aktivität wortlos vor, während die Schüler der zweiten Gruppe die vorgezeigten Tätigkeiten erraten und aufschreiben sollen. Wer die exakte Reihenfolge benannt und die wenigsten Fehler gemacht hat, hat gewonnen.

6.10 Willi aime ...

  5–10 Min. 2.–5. Lj.

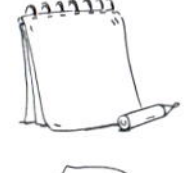

keine

Überlegen Sie sich ein bestimmtes Merkmal, wie z. B. *passé composé* mit *être*.

Erklären Sie den Schülern anhand eines Beispiels, was Willi mag und was er nicht mag.

Beispiel:

Willi mag alle Verben, die das *passé composé* mit *être* bilden, jedoch keine Verben mit *avoir*.

Lehrer: «*Willi aime aller, mais il n'aime pas regarder.*»

Die Schüler sollen nun erraten, welches System hinter den Aussagen steckt. Wenn jemand glaubt, dieses erkannt zu haben, muss er einen eigenen Satz nach diesem Prinzip bilden. Ist er richtig, schreibt der Schüler das Kriterium auf einen Zettel. Überprüfen Sie, ob seine Lösung korrekt ist. Ist dies der Fall, übernimmt er die Spielleitung. Das Spiel wird fortgesetzt, bis mehrere Schüler das System verstanden haben.

6.11 Qui est-ce?

15 Min. | 1.–2. Lj.

DIN-A6-Kärtchen (entsprechend der Schülerzahl), Schachtel oder Körbchen, Klassenliste

keine

Jeder Schüler schreibt auf ein Blatt fünf Vorlieben, z. B. *J'aime le foot, les jeux vidéo, la pizza, les maths et le cinéma.* Anschließend werden die Zettel gefaltet und in eine Schachtel oder ein Körbchen gelegt. Mischen Sie diese gut durch und lassen Sie jeden Schüler einen Zettel ziehen. Nun bildet die Klasse einen Stuhlkreis und nacheinander liest jeder die Vorlieben auf seinem Blatt vor. Wer den Verfasser errät, bekommt einen Punkt. Notieren Sie diesen auf der Klassenliste. Derjenige, der am Schluss die meisten Punkte hat, hat das Spiel gewonnen.

6.12 Écouter et dessiner

20 Min. | 2./3. Lj.

Zeichnung

Wählen Sie eine einfache Zeichnung aus, die sich zur Beschreibung eignet.

Beschreiben Sie die Zeichnung so, dass die Schüler den Inhalt malen können. Anschließend vergleichen sie ihre Zeichnungen miteinander.

Variante: Es können auch Gruppen gebildet werden, an die Sie Zeichnungen austeilen. Jeweils ein Schüler übernimmt nun die Lehrerrolle.

6.13 Les quatre coins

5–10 Min.
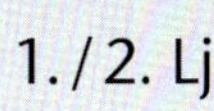
1./2. Lj.

keine

Überlegen Sie sich Wortgruppen aus jeweils vier Wörtern, von denen drei eine Gemeinsamkeit haben.

Nennen Sie die vier Wörter und zeigen Sie dabei jeweils auf eine Ecke des Klassenzimmers. Die Schüler überlegen sich nun, welches Wort nicht in die Reihe passt und stellen sich in die entsprechende Ecke. Ein Schüler begründet seine Entscheidung. Wer in der falschen Ecke steht, scheidet aus. Sieger ist, wer am Schluss übrig bleibt.

Beispiele:

1. *pomme – poire – raisin – pomme de terre*
   Lösung: *Pomme de terre,* da es nicht zur Gruppe *fruits* gehört.
2. *robe – jupe – costume – chemise*
   Lösung: *Costume,* da der Artikel männlich ist.

6.14 Jacques a dit

5 Min.

1.–3. Lj.

keine

keine

Geben Sie Anweisungen an die Schüler, wie z. B. „*Fermez les livres!*“. Stellen Sie „*Jacques a dit*“ voran, müssen die Schüler die Anweisung befolgen. Wird der Zusatz nicht gemacht, dürfen sie nicht reagieren. Tut ein Schüler dies doch, zählt es als Fehler. Die Fehler werden am Schluss addiert. Sieger ist der Schüler, der die wenigsten Fehler gemacht hat.

Zudem gelten folgende Sonderregeln:

- Wenn Sie eine Zahl nennen, müssen die Schüler diese verdoppeln.
- Wenn das Wort *cloche* fällt, rufen die Schüler „ding-dong“.
- Wenn ein Tier vorkommt, müssen die Schüler Gesten für Luft, Land bzw. Meer machen.

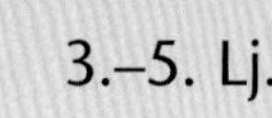

DIN-A6-Kärtchen, Stoppuhr

Fertigen Sie Tabu®-Karten an, indem Sie jeweils zu einem Oberbegriff vier Begriffe schreiben, die für dessen Erklärung hilfreich sind.

Teilen Sie die Klasse in drei oder vier Gruppen ein. Ein Schüler erhält eine Karte und liest einen der Unterbegriffe vor. Seine Gruppe versucht nun, den Oberbegriff zu erraten. Der vortragende Schüler entscheidet selbst, wann er den nächsten Hinweis geben möchte. Er kann zudem die Reihenfolge der Begriffe selbst bestimmen. Wurde der Begriff nach einer halben Minute nicht erraten, erhält die Gruppe keinen Punkt.

Ansonsten gilt folgende Punkteverteilung:

Ein benötigter Hinweis: 4 Punkte
Zwei benötigte Hinweise: 3 Punkte
Drei benötigte Hinweise: 2 Punkte
Vier benötigte Hinweise: 1 Punkt

Anschließend ist die nächste Gruppe an der Reihe.

Beispiel:

parc

lac
fleur
banc
vert

6.16 La balle aux prisonniers

 10–20 Min.
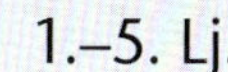
1.–5. Lj.

Tafel, evtl. Stoppuhr

Bereiten Sie Fragen zu Wortschatz, Grammatik oder Sachwissen vor.

Malen Sie ein Spielfeld mit zwei Hälften an die Tafel. Die Klasse wird in zwei Gruppen eingeteilt. Die Namen der Mannschaftsmitglieder werden in das jeweilige Spielfeld geschrieben. Pro Gruppe wird immer nur ein Schüler nach vorn geschickt. Stellen Sie nun eine Frage. Derjenige, der sie als Erster richtig beantworten kann, hat den anderen wie beim Völkerball „abgeworfen“, er darf bleiben. Der Name des „Getroffenen“ wird von der Tafel weggewischt. Er setzt sich wieder an seinen Platz. Hat ein Schüler eine falsche Antwort gegeben, scheidet er aus. Dann schickt die Mannschaft einen neuen Spieler nach vorn.

Sieger ist die Mannschaft, die alle gegnerischen Spieler „abgeworfen“ hat oder von der nach einer vorher festgelegten Zeit mehr Spieler im Feld sind.

6.17 Dalli-Klick®

 2–4 Min.
1.–5. Lj.

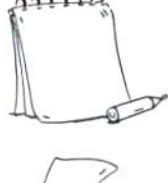
Dokumentenkamera, weißer DIN-A4-Tonkarton, Bild

Schneiden Sie den Tonkarton in Streifen, sparen Sie jedoch einen Rand von ca. zwei Zentimetern aus.

Legen Sie die Schablone über das Bild und klappen Sie einen beliebigen Streifen nach hinten, sodass ein Teil des Bildes für die Schüler sichtbar wird. Sie müssen nun raten, wer oder was auf dem Bild dargestellt ist. Nach und nach werden dabei die einzelnen Streifen aufgedeckt.

6.18 Les dialogues

15 Min. | 4./5. Lj.

DIN-A6-Kärtchen (halb so viele wie Schüler, die an dem Spiel teilnehmen)

Bereiten Sie für jedes Schülerpaar ein Kärtchen vor, auf dem kurz eine Situation geschildert wird, in der sich zwei Personen begegnen.

Jeweils zwei Schüler erhalten ein Kärtchen. Sie verteilen die Rollen und bereiten den Dialog vor, wofür sie fünf Minuten Zeit haben. Anschließend suchen sie sich ein anderes Schülerpaar und tragen sich gegenseitig ihre Szene vor. Sie müssen jeweils erraten, was die Ausgangssituation war. Anschließend suchen sie sich neue Gesprächspartner.

Beispiele:

1. *Deux amis qui se sont disputés se rencontrent.*
2. *Tu ne veux pas partir en vacances avec tes parents, mais tu ne veux pas le dire. Cherche des excuses.*

6.19 Le duel

15 Min. | 4./5. Lj.

keine

Bereiten Sie Fragen zum aktuellen Stoff vor, z. B. Wortschatz, Grammatik, Sachfragen.

Die Klasse wird in Gruppen von maximal acht Schülern eingeteilt, die sich hintereinander in einer Reihe aufstellen. Stellen Sie nun die erste Frage, die nur von den vordersten Schülern beantwortet werden darf. Wer als Erster die richtige Antwort gibt, stellt sich an das Ende seiner Reihe. Die anderen müssen stehen bleiben. Sieger ist die Gruppe, deren erster Schüler am schnellsten wieder ganz vorne steht.

Jederzeit optimal vorbereitet in den Unterricht?